Strategische Unternehmensführung. Change Management, Balanced Scorecard und Strategieimplementierung

Arno Peise

Bibliografische Information der Deutschen Nationalbibliothek:

Die Deutsche Nationalbibliothek verzeichnet diese Publikation in der Deutschen Nationalbibliografie; detaillierte bibliografische Daten sind im Internet über http://dnb.d-nb.de abrufbar.

ISBN: 9783346497741
Dieses Buch ist auch als E-Book erhältlich.

© GRIN Publishing GmbH
Nymphenburger Straße 86
80636 München

Druck und Bindung: Books on Demand GmbH, Norderstedt Germany
Gedruckt auf säurefreiem Papier aus verantwortungsvollen Quellen

Das Buch bei GRIN: https://www.grin.com/document/1026981

Deutsche Hochschule für

Prävention und Gesundheitsmanagement

Einsendeaufgabe

Fachmodul:	Strategische Unternehmensführung II
Studiengang:	Gesundheitsmanagement
Name, Vorname:	Peise, Arno

Inhaltsverzeichnis

1 Bodo Müllers Plan

Im Rahmen der strategischen Ausrichtung der Gesundheits- und Medizintechnik AG möchte Bodo Müller einen Wandel im Unternehmen initiieren und trifft auf Widerstand. Die grundsätzlichen Hintergründe werden folgend dargestellt.

1.1 Gründe für den Wandel

Bodo Müller hat in seiner Position als Marketing Direktor der Abteilung Vertrieb einen Optimierungsbedarf aufgrund veränderter Rahmenbedingungen festgestellt. Nach seiner Einschätzung ist der kontinuierliche ungeplante Wandel einer Organisation nicht ausreichend um das Unternehmen an die Situation anzupassen. Für den Wandel der Organisation sind sowohl interne als auch externe Ursachen ausschlaggebend (Schulte-Zurhausen, 2010, S. 339). Dabei spielen sowohl technologische, ökonomische, sowie gesellschaftliche Faktoren eine Rolle, welche folgend erläutert werden.

Demographischer Wandel:

Es werden niedrige Wachstumsraten für Krankenhausausgaben aufgrund des geringen BIP- und Bevölkerungswachstums erwartet. Aus Gründen der Wirtschaftlichkeit wechselt daher die Zuständigkeit für Einkaufsentscheidungen vermehrt von den Fachärzten zur Krankenhausadministration. Die aktuelle Marketingausrichtung der Gesundheits- und Medizintechnik AG richtet sich momentan noch an den Ärzten aus und sollte daher an das „C-Level" angepasst werden um den Vertrieb an die Rahmenbedingungen anzupassen.

Interne Prozessstruktur:

Das Unternehmen ist in einer Matrixorganisation mit sieben verschiedenen VP´s Marketing aufgestellt. Die Unternehmenseinheiten planen ihr Marketingbudget unabhängig voneinander für ihre jeweiligen Produktgruppen. Da der bereits umschriebene Wandel der Krankenhäuser alle Unternehmenseinheiten gleichermaßen betrifft, ist ein gemeinsames Budget mit einer gemeinsamen Ausrichtung für das Zielgruppen-Targeting sinnvoll, um die eigenen Ausgaben zu reduzieren und den möglichen Umsatz zu steigern.

Markenimage und Bekanntheit:

Die Gesundheits- und Medizintechnik AG ist als technologie- und ingenieurorientiertes Unternehmen am Markt bekannt und etabliert. Da Krankenhäuser bevorzugt Bestandsgeräte reparieren, als Neuanschaffungen zu realisieren, kann das Unternehmen hier mit breiter Kompetenz an Großkunden herantreten. Hier greift ebenfalls das gemeinsame Marketingbudget mit einer gemeinsam ausgerichteten Kampagne um die sieben verschiedenen Produktsparten als ein Gesamtkonzept zu vermarkten und das bestehende Markenimage idealer zu nutzen. Aufgrund des auftretenden Widerstandes möchte Bodo Müller den geplanten Unternehmenswandel zum Change Management führen. So soll der Ist-Zustand kontinuierlich in einen angemessenen Soll-Zustand entwickelt werden, um die Effizienz und Effektivität nachhaltig zu erhöhen (Vahs & Weiand, 2010, S. 7).

1.2 Aspekte des Strategiewandels

Mit Hilfe des Change Managements hat Bodo Müller verschiedene Maßnahmen entwickelt um den Strategiewandel zu vollziehen.

Wechsel der Zielgruppenausrichtung

Bodo Müller möchte nicht mehr die Fachärzte der Krankenhäuser mit den Marketingmaßnahmen ansprechen, sondern das „C-Level", da diese zukünftig Investitionsentscheidungen in Krankenhäusern treffen werden.

Anpassung der Marketingplanung:

Um das „C-Level" von den eigenen Produkten zu überzeugen und das eingesetzte (geringe) Budget optimal zu nutzen, sollen die Marketing VP's einen Teil ihres individuellen Budgets abgeben, um ein gemeinsames Werbeduget zur Kundenansprache zu nutzen. Dieses Budget soll zukünftig zentral verwaltet und eingesetzt werden.

Projektgruppe auf Arbeitsebene:

Bodo Müller initiiert eine übergreifende Projektgruppe um Ideen für das C-Level Marketing zu entwickeln. Hier sollen Vertreter aller Unternehmenseinheiten entgegen der Matrixorganisation, auf Arbeitsebene, gemeinsam an der Umsetzung des Projektes arbeiten und Ideen zusammentragen.

1.3 Barrieren und Widerstände

Bodo Müller trifft mit seiner Idee auf Widerstände bei den Mitarbeitern welche folgend nach Doppler und Lauterburg (2014, S. 357) eingeordnet werden.

Passiv-nonverbaler Widerstand

Der erste dezente, Widerstand trat direkt zur Eröffnungsveranstaltung auf. Hier wurde primär die Idee gepitched und eine erste positive Reaktion eingeholt. Der nicht weiter ausgeführte Widerstand lag jedoch in der Freigabe eines Budgets für die neue Marketing Strategie. Die Teilnehmer zögerten ein Budget einzuräumen, äußerten ihre Bedenken und Kritik jedoch noch nicht direkt.

Passiv-nonverbaler Widerstand

Nach der Einladung zum Kick-off-Meeting der Arbeitsgruppe gab es mehr Zusagen als Teilnehmer. Zudem hat sich der Eindruck ergeben, dass die Teilnehmer vor Ort nur ungern am Meeting teilnahmen. Es handelt sich beim Fernbleiben der Teilnehmer ebenfalls um passiv-nonverbalen Widerstand. Auch hier wurde die Budgetfreigabe thematisiert und konnte aufgrund des Widerstandes nicht festgesetzt werden.

Aktiv-verbaler Widerstand

Drei Monate nach dem ersten Treffen des Marketing-Boards kommt es zum aktiven Widerstand durch die VP´s. Diese kommunizieren ihre Bedenken und Kritik nun offen gegenüber Bodo Müller und bringen aktiv Gegenargumente wie die Priorisierung anderer Themen in die Diskussion ein, um Bodo Müllers Initiative zu verhindern.

Aktiv- nonverbaler Widerstand

Das Projekt scheiterte endgültig durch eine Kostensenkungsinitiative und einer empfindlichen Kürzung des Marketingbudgets. Hier wäre denkbar, dass die VP´s durch aktives Verbreiten von Gerüchten oder die Schaffung von Unruhe die entscheidenden Instanzen dazu bewegt haben die Initiative auf diesem Weg zum scheitern zu bringen.

2 Change Management

Folgend werden die Gründe für das Scheitern und eine idealere Herangehensweise für den strategischen Wandel vorgestellt.

2.1 Gründe für das Scheitern

Bodo Müllers scheitern kann mit Hilfe des 8-Stufen-Modells von Kotter (Reisinger et al., 2013, S. 190) begründet werden. Das Modell stellt sowohl die Gründe für das Scheitern, als auch Maßnahmen zur Vermeidung selbiger dar. Folgend werden die ersten vier Stufen des Modells auf den dargestellten Sachverhalt angewendet.

Stufe 1 – Selbstgefälligkeit

Bodo Müller entschied sich dazu seine Präsentation beim vierteljährlichen Treffen des Marketing Boards erstmalig vorzustellen. Die VP's hatten so vorab keine Möglichkeit sich mit den Hintergründen der Idee ausführlich zu beschäftigen. Bodo Müller war demnach überzeugt allein mit seiner Präsentation so überzeugend zu sein, alle entstehenden Zweifel zu beseitigen. Dies stellte sich, wie in 1.3 dargestellt, als Fehler dar. Die Dringlichkeit seines Anliegens konnte nicht nachvollzogen und verstanden werden. Das Zögern zur Budgeteinräumung interpretierte er zudem fälschlicherweise nicht als Widerstand der Teilnehmer.

Stufe 2 – Fehlen einer Führungskoalition

Nach dem Quartalstreffen entschied sich Bodo Müller dafür auf Arbeitsebene eine offene Einladung zum Kick-off-Event zu versenden. Er entschied sich dagegen die Führungsebene des Unternehmens mit einzubinden, was die Dringlichkeit erhöht und eine stärkere Verbindlichkeit erzeugt hätte. Die Folge war das Fernbleiben einiger Teilnehmer, was dazu führte, dass die fachliche Erarbeitung der neuen Marketingstrategie aufgrund fehlender Fachkräfte nicht möglich war und das Treffen unproduktiv verlief. Er war, wie im ersten Quartalstreffen, ohne aktive Unterstützung durch die Firmenführung oder durch positiv eingestellte VP's in die Veranstaltung gegangen. So konnte keine effektive Arbeits- und Führungskoalition zur Entscheidungsfindung gebildet werden.

Stufe 3 – Fehlende Vision

Bodo Müller hat den wandelnden Beschaffungsprozess der Abnehmer der Gesundheits- und Medizintechnik AG erkannt und einen Lösungsweg identifiziert. Im Prozess der Strategieimplementierung konnte er diese jedoch nicht bei den Beteiligten durchsetzen, sondern wollte direkt mit der Umsetzung beginnen. Die Vision und Mission der Firma sind nicht unmittelbar auf seine Idee übertragbar, sodass hier ein Verständnisproblem entstand. Ohne eine neue, individuelle Vision ist seine Entwicklung von Change-Initiativen nicht vollständig und überzeugend. Sein Lösungsweg ist für die Organisationsstruktur unüblich und konnte ohne Orientierung und ein angepasstes Leitbild nicht für einen Strategiewandel genutzt werden.

Stufe 4 – Mangelnde Kommunikation der Vision

Im vierteljährlichen Treffen des Marketing Boards entschied sich Bodo Müller für die rationale Herangehensweise und erläuterte die Problematik anhand von Tabellen und Grafiken. Dabei vernachlässigte er seine Idee und Vision so zu kommunizieren, dass die Teilnehmer nicht nur inhaltlich, sondern auch abseits der sachlichen Ebene von der Umsetzung überzeugt werden. Er konnte die Teilnehmer nur für das Problem sensibilisieren, jedoch, durch die fehlende zwischenmenschliche Kommunikation, niemanden von seinem Lösungsweg überzeugen. Auch zum ersten Treffen der Arbeitsgruppe und zum späteren Marketing Treffen entschied sich Bodo Müller gegen die emotionale Argumentation und präsentierte rein rationale Argumente, sodass er keinen Teilnehmer vollständig überzeugen konnte.

2.2 Veränderungen meistern

Um die in 2.1 genannten Fehler zu vermeiden entwickelte Kotter acht Beschleuniger Strategien die auf fünf Prinzipien eines parallelen Betriebssystems beruhen (Kotter, 2015, S. 83–94). Diese acht Beschleuniger bilden die Grundlage um für Bodo Müllers Verhalten Optimierungen zu entwickeln.

Dringlichkeit erzeugen

Nur durch die Kommunikation und Betonung von Dringlichkeit können Mitarbeiter überzeugt und zu Freiwilligen der Idee werden, um einen Wettbewerbsvorteil zu erlangen. Um dieses Ziel zu erreichen ist es notwendig, dass diese Dringlichkeit auch von der Führungsebene kommuniziert und mitgetragen wird (Kotter, 2015, S. 89).

Für Bodo Müller wäre es zu Beginn ratsam gewesen, wenn er die Führungsebene des Unternehmens vor dem ersten Marketing Meeting von seiner Idee durch eine zusätzliche Präsentation überzeugt hätte. Anschließend wäre es möglich gewesen einen Vertreter der Unternehmensleitung als Sprecher, oder Teilnehmer vor Ort einzuladen. So wäre durch den Rückhalt und die Präsenz der oberen Hierarchiestufe ein Gefühl der Dringlichkeit für die anderen Teilnehmern entstanden.

Koalitionsbildung

Eine lenkende Koalition ist eine Mischung aus Unternehmensmitarbeitern verschiedener Abteilungen und Hierarchiestufen mit unterschiedlichen Kompetenzen. Sie agieren gleichwertig und sind in der Lage Informationen gemeinsam besser zu durchdringen und aufzunehmen (Kotter, 2015, S. 89).

Bodo Müller hätte sowohl beim Marketing Meeting, als auch in seiner Arbeitsgruppe auf eine größere Diversifikation von Teilnehmern aus dem Unternehmen achten müssen. Durch die Gruppe der VP´s, welche alle eine ähnliche, gegensätzliche Einstellung zu Müllers Idee hatten, konnte keine produktive Diskussion entstehen, da lediglich zwei verschiedene Ansichten aufeinandertrafen. So wäre es ihm möglich gewesen eine Koalition für seine Idee zu bilden.

Visionsbildung

Die Vision ist die Grundlage für eine strategische Orientierung indem sie einfach und verständlich formuliert und emotional ansprechend ist. Sie wird aufgrund ihrer strategischen Relevanz von der Führungsebene mitgetragen und gibt eine Orientierung zum Handeln (Kotter, 2015, S. 89–90).

Es ist nicht klar, ob Bodo Müller eine Vision abseits der existierenden der Gesundheits- und Medizintechnik AG erarbeitet hat. Da seine Idee, eines gemeinsamen Budgets, entgegen der Matrixorganisation des Unternehmens ansetzt, wäre dies jedoch zwingend notwendig gewesen. Zudem hätte diese Vision von der Unternehmensführung überprüft werden sollen, um eventuelle Optimierungen einzuarbeiten und Konflikte auf dieser Ebene zu vermeiden.

Kommunikation der Vision

Wenn die erarbeitete Vision emotional und ehrlich gegenüber den Mitarbeitern kommuniziert wird, können die beteiligten Mitarbeiter leichter überzeugt werden. Diese Überzeugung sorgt dafür, dass die Idee sich schneller verbreitet und Teammitglieder engagierter, und ohne Motivationsprobleme gemeinsam an der neuen Thematik arbeiten (Kotter, 2015, S. 90).

Bodo Müller entschied sich in allen Präsentationen für eine überzeugende, aber rein rationale Argumentation. Hier hätte er durch emotionale Sprachbilder oder einer Darstellung seiner persönlichen Gedankengänge die VP's zur Lösungsfindung besser abholen und überzeugen können. Seine strukturierte Herangehensweise schränkt Mitarbeiter sich am Lösungsprozess zu beteiligen ein. Denkbar wäre auch gewesen, die Präsentation vom Quartalsmeeting räumlich und zeitlich zu trennen, um eine offene, zwischenmenschliche Arbeitsatmosphäre auf Augenhöhe zu erzeugen.

Beseitigung von Hindernissen

Sobald das System etabliert ist und ein erfolgreiches Mitarbeiternetzwerk gebildet wurde, können Probleme und Beschwerden intern, untereinander diskutiert und gelöst werden. Das ermöglicht ein zeiteffizientes Handeln und einen schnellen Informationsfluss für praktische Lösungen, sodass Vorgesetzte nur noch mit potentiellen Lösungen konfrontiert werden und dahingehend Entscheidungen treffen (Kotter, 2015, S. 90–91).

Um diesen Beschleuniger zu nutzen, ist eine Vernetzung der Arbeitsgruppenteilnehmer über die Meetings und Quartalstreffen hinaus notwendig. So kann Bodo Müller beispielsweise einen E-Mail-Verteiler für alle Teilnehmer einrichten. Denkbar wäre auch ein Aufgaben- und Lösungsboard mit einer Software für alle Beteiligten zur zeitgleichen Bearbeitung von auftretenden Problemen oder Beschwerden einzurichten. So kann zeiteffizient am Projekt und an Lösungen gearbeitet werden.

Zelebrieren von Erfolgen

Die Glaubwürdigkeit der Maßnahmen wird dann deutlich, wenn schnelle und eindeutige Erfolge aufgrund getroffener Maßnahmen sichtbar und diese den Beteiligten mitgeteilt werden. Wenn diese mit der Vision in Verbindung gebracht und gefeiert werden, kann ein Motivationsschub entstehen. Bei Misserfolgen ist Feedback ebenso wichtig, um Entscheidungen zu überdenken (Kotter, 2015, S. 91).

Bodo Müller könnte beispielhaft ein wöchentliches digitales Meeting organisieren, in welchem die Beteiligten kurz auf einem „Success Board" ihre individuellen Erfolge präsentieren und erläutern. Zudem werden die Ziele für das nächste Zeitfenster formuliert und kommuniziert, um eine Verbindlichkeit gegenüber den anderen Mitarbeitern zu schaffen und Feedback für die Herangehensweise von anderen Mitarbeitern einzuholen.

Stetiges Lernen und Optimierung

Einmal generierte Initiativen bedürfen einer ständigen Anpassung um flexibel auf Änderungen im Geschäftsumfeld reagieren und um politischen und kulturellen Widerstand abwehren zu können. Nur durch anhaltende Dringlichkeit kann dies erreicht werden (Kotter, 2015, S. 91).

Im Fall von Bodo Müller wäre es sinnvoll konkrete Verantwortlichkeiten zur Überprüfung des Marktes zu benennen. So müsste beispielhaft beobachtet werden, ob der Einfluss des C-Levels weiter steigt, oder wieder fällt, um schnelle Entscheidungen für das eingesetzte Marketing Budget treffen zu können. Ebenso wäre eine Überprüfung der strategischen Ausrichtung der Mitbewerber notwendig, um die eigene Strategie dahingehend flexibel anpassen und optimieren zu können.

Integration des Wandels in die Unternehmenskultur

Um einen nachhaltigen Effekt des Strategiewechsels zu erzielen, muss der Wandel in die Unternehmenskultur integriert werden (Kotter, 2015, S. 91).

Im Fall der Gesundheits- und Medizintechnik AG kann dies nur die Unternehmensleitung initiieren welche die Vision, Mission und die Unternehmenskultur definiert. Wenn hier eine Anpassung erfolgt und diese im Unternehmen verbindlich kommuniziert wird, sind nachhaltige Änderungen im Tagesgeschäft realisierbar. Dazu zählen beispielsweise die Organisationsstruktur und die Hierarchisierung durch die vorhandene Matrixorganisation. Durch die Änderung des Werbebudgets sind hier Anpassungen des Organigramms durchaus sinnvoll, um leichter übergreifend an Projekten zu arbeiten. Diesen Zusammenhang muss Bodo Müller gemeinsam mit seinen Mitarbeitern gegenüber der Unternehmensleitung vermitteln und vorleben, um somit den positiven Effekt zu demonstrieren.

3 Strategieimplementierung

Nach der strategischen Planung erfolgt die Strategieimplementierung als eigenständige Phase. Sie hat zum Ziel Unternehmensmitglieder entlang strategischer Pläne zum Handeln zu bewegen (Welge & Al-Laham, 2012, S. 938). Dieser Prozess wird in die Phasen der Durchsetzung und Umsetzung unterteilt (Raps, 2004, S. 29). Im Folgenden werden diese Phasen näher erläutert und auf den strategischen Wandel der Gesundheits- und Medizintechnik AG beispielhaft angewendet.

3.1 Durchsetzung

Die Phase der Durchsetzung verfolgt Strategien zur Vermeidung von Verhaltenswiderständen und zielt auf eine strategiebezogene Akzeptanz ab. Hierbei stehen die Vermittlung der Strategie, die Einweisung und Schulung sowie die Schaffung eines strategischen Konsens als Maßnahmen zur Verfügung (Welge & Al-Laham, 2012, S. 807–809). Folgende Maßnahmen sind bei der Gesundheits- und Medizintechnik AG in diesem Zusammenhang denkbar.

Vermittlung der Strategie

Das Verinnerlichen der Strategie in den Arbeitsalltag ist essentiell für dessen Erfolg (Kaplan et al., 2001, S. 13).

Dementsprechend ist es notwendig, für jeden Mitarbeiter eine tägliche Erinnerung an den strategischen Wandel zu schaffen. Durch den Rückhalt des CEO ist es möglich, die formulierte Unternehmenskultur des Unternehmens anzupassen. Das schafft eine Glaubwürdigkeit und Verbindlichkeit bei allen Mitarbeitern, auch bei denen die nicht direkt von der strategischen Maßnahme betroffen sind. In dem Punkt „Eigentümerkultur basiert auf Unternehmenswerten" wird von Innovation gesprochen. Dieser Absatz könnte durch „Innovation, Exzellenz und Verantwortung sind Aufgabe aller Mitarbeiter. Nur durch Offenheit gegenüber Veränderungen und dem Willen Neues zu probieren kann die Unternehmensvision verwirklicht werden." ergänzt werden. Wenn diese Anpassung in einem offenen Brief der Unternehmensleitung entlang des strategischen Wandels von Bodo Müller allen Mitarbeitern erläutert wird, kann ein Verständnis und eine Akzeptanz für das tägliche Handeln entstehen.

Einweisung und Schulung

Damit der Veränderungsprozess von allen Arbeitsebenen mitgetragen wird, sind ange-
passte Entscheidungsmuster und Handlungen auf allen Hierarchieebenen notwendig
(Welge & Al-Laham, 2012, S. 808).

Durch die Anpassung der Marketingausrichtung auf das C-Level der Abnehmer verändert sich auch der Sales-Prozess für die betroffenen Mitarbeiter in der Gesundheits- und
Medizintechnik AG. Aufgrund dieser Änderungen sind Schulungen für die VP´s zu den
Hintergründen der Budgeteinräumung und den Änderungen der Krankenhausstrukturen
notwendig. Zudem ist es ratsam, da Bodo Müller eine Arbeitsgruppe auf operativer Ebene einrichtet, die Mitarbeiter des Tagesgeschäfts ebenfalls für die veränderten Anforde-
rungen durch Einweisungen und Schulungen zu sensibilisieren. Erst wenn sich die betroffenen Arbeitsebenen auf das neue Aufgabengebiet vorbereitet fühlen und die Zusammenhänge verstanden haben, können Unsicherheiten beseitigt und Ungewissheiten ab-
gebaut werden. So wird die Fähigkeit ausgebaut die Strategie umzusetzen und mitzutra-
gen, beziehungsweise eine Bereitschaft hierfür erzeugt (Welge & Al-Laham, 2012, S.
808).

Strategiebezogener Konsens

Um Konflikte unterschiedlicher Hierarchieebenen zu vermeiden, muss ein gemeinsamer
Konsens zur Strategie erzielt werden. So können Zielkonflikte, Verteilungskonflikte und
Durchsetzungskonflikte vermieden werden (Welge & Al-Laham, 2012, S. 809).

Im Fall der Gesundheits- und Medizintechnik AG sind zwei verschiedene Implementie-
rungsstile denkbar. Aufgrund der vorhandenen Matrixstruktur im Unternehmen existiert
eine etablierte Informationsstruktur. Diese kann mit dem Führermodell ideal genutzt
werden (Welge & Al-Laham, 2012, S. 809–811). So wäre es aus Zeitgründen möglich,
die Strategie von der Unternehmensleitung formulieren zu lassen und an die unteren
Ebenen als Ausführungsorgane zu delegieren. Die Möglichkeit besteht, weil das Unternehmen eine etablierte und anerkannte Leitung besitzt, die von den Mitarbeitern ernst
genommen wird. Das zweite mögliche Modell ist das Partizipationsmodell (Welge &
Al-Laham, 2012, S. 809–811). Da die Arbeitsebene aus den sechs Marketingabteilungen
über verschiedene Erfahrungen verfügt, kann man die Mitarbeiter in die Strategieformu-
lierung einbeziehen. So wird die Kreativität und vielseitige Erfahrung der Mitarbeiter

genutzt und eine praktisch anwendbare Strategie formuliert. Hierbei ist von Vorteil, dass die Akzeptanz eines gemeinsam erarbeiteten Lösungsansatzes besser akzeptiert wird.

3.2 Umsetzung

Die Phase der Umsetzung ist rein sachbezogen und orientiert sich an der „Ausrichtung der Erfolgsfaktoren, die Spezifikation der Strategien und die Formulierung von Maßnahmenprogrammen „ (Corsten & Corsten, 2012, S. 209). Im Mittelpunkt steht der reibungslose Ablauf durch die Verzahnung der operativen und strategischen Ebene (Welge, & Al-Laham, 2012, S. 794). Hierzu zählen die Transformation, die Anpassung und die Motivierung und Mobilisierung (Bamberger & Wrona, 2012a, S. 476). Folgende Maßnahmen sind bei der Gesundheits- und Medizintechnik AG in diesem Zusammenhang denkbar.

Transformation

Im Prozess der Transformation wird die vorerst theoretisch vorliegende Strategie in einzeln definierte Maßnahmen überführt. Dabei ist es entscheidend, in dieser Maßnahmenliste, so konkret wie möglich die Rahmenbedingungen zu definieren (Haake & Seiler, 2012, S. 129–138).

Im Unternehmen von Bodo Müller bietet sich der Beginn dieser Vorgehensweise in einer zeitlich großzügigen Veranstaltung mit fachlichen Vertretern und der Unternehmensleitung an. Nachdem die Unternehmensleitung das Ziel der neuen strategischen Ausrichtung erläutert hat, finden Workshops zum Brainstorming statt, auf welchen Wegen das Ziel erreicht werden kann. Anschließend werden die Ergebnisse zusammengetragen und gemeinsam nach den Kriterien der Transformation ergänzt (Haake & Seiler, 2012, S. 129–138). Zu den Kriterien der Maßnahmenliste gehören Kosten- und Ressourcenbedarf, Verantwortlichkeiten, Anfangs- und Endzeitpunkte, Inhalt, Ausmaß sowie der Zeitbedarf. Im Gruppenrahmen werden die erarbeiteten Ergebnisse anschließend priorisiert und eine Metaplanung erstellt, sodass die Management- und Geschäftsführungsebene mit klaren und realistischen Maßnahmen aus der Veranstaltung gehen. Für die Moderation der Veranstaltung ist es wichtig, die folgenden Hinweise dringend zu befolgen um den Erfolg zu gewährleisten: Einhalten realistischer Zeitpläne, Prioritäten klar zu definieren und Verantwortlichkeiten auf viele Zuständige mit diversen Kompetenzen zu verteilen (Haake & Seiler, 2012, S. 117).

Anpassung

Unter Anpassung versteht man eine Vielzahl an möglichen Handlungsoptionen die die Organisationsstruktur, die Managementsysteme und die Unternehmenskultur betreffen (Kreikebaum, Gilbert & Behnam, 2011, S. 165–173).

Am Beispiel der Gesundheits- und Medizintechnik AG lässt sich ein Unternehmenspotential bei den Mitarbeitern und Führungskräften und der Organisationsstruktur finden. Durch die Matrixorganisation ist der Erfahrungs- und Wissensaustausch momentan nicht uneingeschränkt möglich. Die Zuständigkeiten sind unflexibel und die Unternehmenseinheiten handeln weitestgehend unabhängig voneinander. Um eine professionelle Vernetzung zu gewährleisten, sollte das Unternehmen einen Dienstleister zur Etablierung eines agilen Projektmanagements rekrutieren, welcher den Strategiewechsel fachlich begleitet. Da die Etablierung zusätzliche personelle Ressourcen benötigt, sollte der Mehrbedarf durch die Fachabteilungen und den Dienstleister bewertet werden, um keinen negativen Effekt auf das zu bewältigende Tagesgeschäft zu haben. Sollte sich die Arbeit und Struktur im Rahmen des Strategiewechsels als Erfolg herausstellen, ist ein gesamter Wandel der Organisationsstruktur im Unternehmen denkbar. Langfristig bietet die vorhandene Matrixorganisation entsprechend der Aussage „structure follows strategy" nicht die nötigen Rahmenbedingungen für einen nachhaltigen Erfolg des Unternehmens (Müller, 2010, S. 175).

Motivierung und Mobilisierung

Um den Einfluss der kritischen Phase „death valley" in der Umsetzung zu verringern, sollte auf die Motivation während der Implementierung geachtet werden (Haake & Seiler, 2012, S. 125).

Im Rahmen der Anpassung wurde der Personalbedarf festgestellt, hierzu zählt ebenfalls Personal zur Motivierung der beteiligten Mitarbeiter. Entlang des agilen Projektes misst der Zuständige durchgängig die Motivation und den Bedarf an Führungs- und Überzeugungsarbeit. Er ist verantwortlich die richtigen Maßnahmen zur richtigen Zeit auf Grundlage von Beobachtung und Umfragen vorzulegen. Sein Aufgabenfeld umfasst lediglich die Zuarbeit eines Maßnahmenkatalogs an die zuständigen Vorgesetzten des betroffenen Personals, welches dann für die Umsetzung sorgt. Da im agilen Projektmanagement Zuständigkeiten von außen nicht immer klar ersichtlich sind, unterstützt das Personal zur Etablierung des agilen Managements den Verantwortlichen bei der Arbeit.

4 Balanced Scorecard

Bei der Balanced Scorecard (BSC) handelt es sich um ein strategisches Performance-Measurement-System (Alter, 2011, S. 300). Viele Kennzahlensysteme sind kurzfristig und vergangenheitsorientiert und damit nicht als Instrument strategischer Zielerreichung ideal geeignet. Zudem haben sie oft einen starken monetären Kennzahlenfokus (Welge & Al-Laham, 2012, S. 824). Die BSC hingegen orientiert sich auch an nicht-monetären Kennzahlen und arbeitet mit kurz- und langfristigen Zielen. Zudem werden neben vergangenheitsorientierten Indikatoren auch Zukunftsperspektiven integriert (Bamberger & Wrona, 2012b, S. 382). Mit diesen Vorteilen hat sich die BSC als Werkzeug zur strategischen Umsetzung im Tagesgeschäft etabliert (Bea & Haas, 2013, S. 209).

4.1 Ursache-Wirkungskette

Die BSC funktioniert auf Grundlage der Unternehmensvision und deren Strategien (Kaplan et al., 2001, S. 22). Bodo Müller orientiert sich mit seiner Strategie an der Vision des Unternehmens, in jeder Praxis und jedem Krankenhaus ein Gerät der Firma zu positionieren und Marktführer der Branche zu werden. Seine Strategie beinhaltet die Umstrukturierung des Sales-Prozesses und Bündelung der sieben Unternehmenseinheiten mit einem kombinierten Marketingbudget. So kann sich das Marketing gebündelt am C-Level der Hauptabnehmer orientieren, sodass sich die Ausrichtung auf den Endabnehmer im Sinne eines Cross-Sellings verändert.

Für die Gesundheits- und Medizintechnik AG werden die klassischen vier Perspektiven genutzt (Kaplan et al., 2001, S. 22). Zudem wird die Perspektive der Mitbewerber integriert. Da die Unternehmensvision die Marktführerschaft anstrebt, ist der Marktanteil gegenüber den Mitbewerbern und eine essentielle Perspektive um den Gesamterfolg ersichtlich zu machen. Die nun fünf Perspektiven bilden gemeinsam eine Strategy Map, um verschiedene Zeithorizonte der Ziele darzustellen (Kaplan & Norton, 2015, S. 63). Daraus lässt sich nun eine Ursache-Wirkungs-Kette (UWK) für die Gesundheits- und Medizintechnik AG ableiten. So werden die Zusammenhänge der einzelnen Perspektiven und Maßnahmen ersichtlich, um die strategischen Ziele zu erreichen. Zudem lässt sich anhand der Grafik die Logik erkennen, welche Zwischenziele die Erreichung eines Gesamtziels fördern (Welge & Al-Laham, 2012, S. 827). Abbildung 1 veranschaulicht die UWK für das Unternehmen beispielhaft.

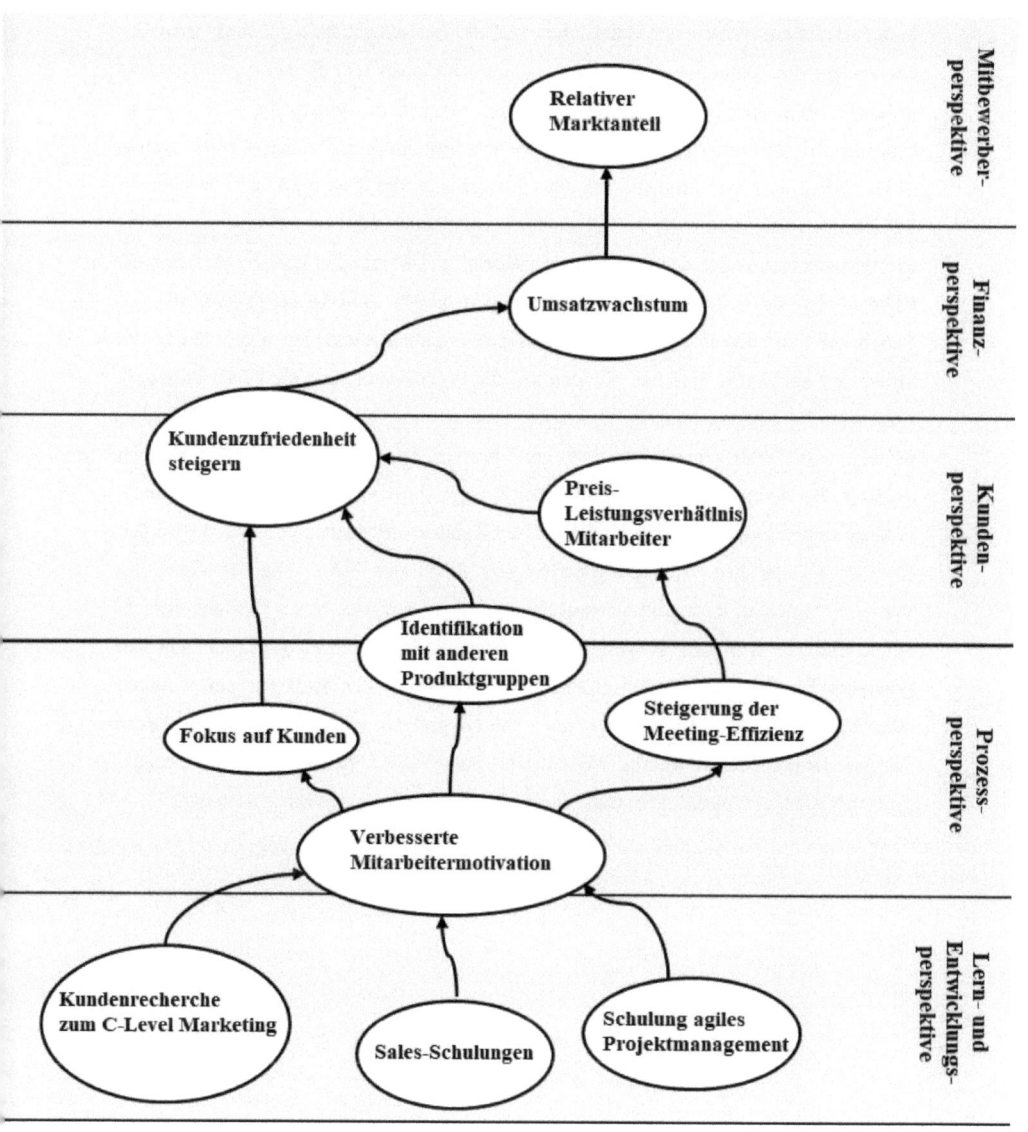

Relativer Marktanteil

Umsatzwachstum

Kundenzufriedenheit steigern

Preis-Leistungsverhätlnis Mitarbeiter

Identifikation mit anderen Produktgruppen

Fokus auf Kunden

Steigerung der Meeting-Effizienz

Verbesserte Mitarbeitermotivation

Kundenrecherche zum C-Level Marketing

Sales-Schulungen

Schulung agiles Projektmanagement

Abb. 1: UWK (modifiziert nach Kerth, Asum & Stich, 2011, S. 247)

In der Abbildung werden die Maßnahmen und die Zusammenhänge der fünf Perspektiven verdeutlicht. Durch die Schulungen des Sales Personals und der konkreten Kundenrecherche neuer Ansprechpartner im Marketing erlangen die Mitarbeiter Sicherheit im Umgang mit der neuen Strategie. Durch Schulungen im Management werden zudem Unklarheiten der neuen Strategie auf allen Ebenen beseitigt. Das führt zu einer höheren Zufriedenheit der Mitarbeiter im Allgemeinen und damit einhergehend einer verbesserten Motivation. Aus der Kombination von Wissen und Motivation können Meetings effizienter abgehalten werden, was zu einem gesteigerten Preis-Leistungsverhältnis der Mitarbeiter führt. Durch die Strategie eines gemeinsamen Marketingbudgets lernen die Mitarbeiter auch mehr über ihre Kunden und die Produktsammlung die zuvor als sieben Unternehmenseinheiten einzeln betrieben wurden. Es wird somit übergreifendes, gemeinsames Wissen generiert, was eine bessere Dienstleistung für den Kunden bedeutet. So können die Vertriebsmitarbeiter auch Auskunft über früher unbekannte Produktgrup-pen geben, wodurch eine größere Kundenzufriedenheit entsteht. So werden ebenfalls leichter neue Kunden generiert und durch das breite Angebotswissen im Vertrieb kön-nen an Bestandskunden auch neue Produktgruppen besser verkauft werden. Somit wird der Umsatz gesteigert. Durch die erhöhte Dienstleistungsqualität und den genannten Ef-fekten entsteht ein großer Vorteil gegenüber den Mitbewerbern, wodurch deren Kunden abgeworben werden können und ein größerer relativer Marktanteil für die Gesundheits-und Medizintechnik AG entsteht. Somit nähert sich das Unternehmen der eigenen Vision, der Marktführerschaft durch die Ursache-Wirkungs-Kette weiter an.

4.2 Festlegung Ziele, Kennzahlen, Vorgaben und Maßnahmen

Um die Zusammenhänge der UWK messbar zu machen und für den Arbeitsprozess zu operationalisieren, ist es notwendig aus den erarbeiteten Perspektiven konkrete Ziele, Kennzahlen, Vorgaben und Maßnahmen zu entwickeln, die folgend aufgezeigt werden.

Lern- und Entwicklungsperspektive

Ziel: Erhöhung der Mitarbeitermotivation

Messgröße: Mitarbeiterbefragungswerte

Vorgabe: 15 Indexpunkte

Maßnahme: Es werden monatlich kurze Mitarbeiterbefragungen durch dafür bereit gestelltes Personal anonymisiert durchgeführt. Parallel dazu wird das Feedbacksystem zwischen den Hierarchieebenen angepasst und intensiviert, um Maßnahmen besser ableiten zu können.

Prozessperspektive

Ziel: Erfolg mit Leads steigern

Messgröße: Umsatz pro Neukontakt

Vorgabe: Steigerung um 15 %

Maßnahme: Durch Anpassung des Sales-Leitfadens und Identifikation von Verkaufsargumenten (Synergieeffekte der verschiedenen Produktarten) können pro Kontakt mehrere Produktarten in Kombination angeboten und verkauft werden.

Kundenperspektive

Ziel: Kundenbetreuung optimieren

Kennzahl: Wiederverkaufsquote

Vorgabe: 50 %

Maßnahme: Bestandskunden erhalten einen einzigen direkten Ansprechpartner für alle Produkte. So wird die Kundenbindung durch eine persönliche Beziehung erhöht und der Verkauf durch Synergieeffekte der Produkte erleichtert.

Finanzperspektive

Ziel: Ausweitung des Produktportfolios (technischer Support)

Kennzahl: Anteil vom Gesamtumsatz

Vorgabe: 5 %

Maßnahme: Durch Einführung eines technischen Supports, beispielsweise Reparaturen oder Wartung der Geräte oder Software, wird die Kundenbindung intensiviert und gleichzeitig ein zusätzliches Einkommen generiert.

Mitbewerberperspektive

Ziel: Neukundengewinnung durch Abwerben

Kennzahl: Umsatz durch Neukunden

Vorgabe: 500.000 €

Maßnahme: Durch eine Recherche des Kundenstamms der Mitbewerber können diese direkt vom Vertrieb angesprochen und abgeworben werden. Durch den Vorteil der neuen strategischen Ausrichtung haben Marketingmitarbeiter nun bessere Voraussetzungen und Argumente Kunden abzuwerben.

Fazit

Die Ziele und Maßnahmen, welche sich aus der UWK ableiten, stehen ebenfalls in einem engen Zusammenhang um die strategischen Ziele und die Vision des Unternehmens zu erreichen. Eine professionelle Strategiekontrolle, als Bestandteil des strategischen Managementprozesses, ist bei jeder der angesprochenen Maßnahmen notwendig, um einen nachhaltigen Unternehmenserfolg zu gewährleisten.

5 Unternehmensethik

Unternehmen und Organisationen stehen im ständigen Fokus der Medien und der Öffentlichkeit. Mit der Größe des Unternehmens wächst auch die gesellschaftliche Verantwortung und ein wertekonformes Verhalten bekommt einen erhöhten Stellenwert. Besonders staatliche Organe obliegen einer strengen Wertekonformität. Am Beispiel des Kommando Spezialkräfte (KSK), der militärischen Spezialeinheit der Bundeswehr, wird ein untersuchter Wertebruch dargestellt.

5.1 Praxisbeispiel KSK

Das KSK unterliegt als Spezialeinheit besonderer militärischer Geheimhaltung. Über die Missionen des Verbandes und den persönlichen Hintergründen der Soldaten ist in der Öffentlichkeit wenig bekannt. Zuletzt erregte die Einheit große Aufmerksamkeit durch rechtsextremistische Vorwürfe. Seit 2003, mit der unehrenhaften Entlassung des KSK-Kommandeurs Reinhard Günzel, durch den damaligen Bundesverteidigungsminister Peter Struck, kam es regelmäßig zu Vorwürfen gegenüber einzelnen Soldaten (Welt, 2020). Es kam zwischen 2015 und 2019 zu Untersuchungen durch das Bundesamt für Verfassungsschutz, den Militärischen Abschirmdienst der Bundeswehr, aber auch dem Bundeskriminalamt (Welt, 2020). Nach weiteren Ereignissen wie einem großen illegalen Waffenfund des Landeskriminalamt bei einem Kommandosoldaten verfasste ein Offizier im Mai 2020 einen einschlägigen Brandbrief an das Verteidigungsministerium (BMVg), was zu einer Arbeitsgruppe zur Überprüfung der Tragbarkeit des KSK durch die amtierende Bundesverteidigungsministerin führte. Der Vorwurf beinhaltete das Decken von rechtsextremen Verhalten durch Vorgesetzte und den Verdacht auf ein rechtsextremistisches Netzwerk innerhalb des KSK (Welt, 2020). Der Bericht der Arbeitsgruppe Kommando Spezialkräfte wurde im Sommer 2020 veröffentlicht und hatte unter anderem die Auflösung der 2. Kompanie in Calw zur Folge (Deutsche Welle, 2020).

5.2 Unternehmenswerte

Das Konzept der Inneren Führung ist der Zusammenschluss von Werten, Normen und Gesetzen innerhalb der Bundeswehr, bildet die Leitlinie zur Menschenführung und wird mit der zentralen Dienstvorschrift A-2600/1 festgelegt (BMVg, 2019). Soldaten sind als

„Staatsbürger in Uniform" dem Grundgesetz in besonderer Weise verpflichtet und haben die Werte der Menschenwürde, Freiheit, Frieden, Gerechtigkeit, Gleichheit, Solidarität und Demokratie zu vertreten (BMVg, 2019). Jeder Soldat, und damit die Bundeswehr als gesamte Institution ist der freiheitlich demokratischen Grundordnung und dem deutschen Volk zur Treue verpflichtet und leistet einen Amtseid beziehungsweise ein feierliches Gelöbnis ab. Jeder Soldat verpflichtet sich zum Schutz der Verfassung (Bundesministerium der Justiz und für Verbraucherschutz, o.J.).

5.3 Wertebruch

Ein Fehlverhalten entsprechend der in 5.2. genannten Werte einzelner Soldaten ist als ein Fehlverhalten der gesamten Organisation zu werten. Denn jeder Soldat vertritt, unabhängig vom Dienstgrad, die Bundeswehr gegenüber der Bevölkerung und dem Staat. Der in 5.1. genannte Sachverhalt an Vorfällen würde als Interpretation in Gänze den Rahmen der Arbeit sprengen. Der grundsätzliche Wertebruch rechtsextremen Verhaltens und dessen mögliche Verhaltensweisen wird beispielhaft dargestellt.

1. Besitz von NS-Literatur, Hitlergruß, und Unterstützung rechtsextremer Organisationen durch Spenden (Welt, 2020).

Rechtsextreme Organisationen und das damit verbundene Gedankengut basiert auf der Grundlage, dass Menschen nicht gleich sind und ungleich behandelt werden müssen. Bestimmten Personengruppen werden Rechte abgesprochen. Verhalten, welches diese Organisationen unterstützt oder toleriert, widerspricht jeglichen Pflichten und Werten eines Soldaten. Besonders mit dem Wert der Menschenwürde, als auch Gerechtigkeit, Gleichheit und Solidarität wird durch die genannten Verhaltensweise gebrochen.

2. Prepper Bewegung in Verbindung mit dem Tag-X-Szenario und Terrorunterstützung (Zeit, 2020).

Eine Reihe rechtsextremer Soldaten (auch KSK Angehörige) bereiteten sich mit Hilfe von Chatgruppen auf ein Szenario vor, in welchem die Regierung gestürzt wird und ein Bürgerkrieg ausbricht. Einzelne Mitglieder planten Angriffe auf Moscheen und Politiker. Die Werte von Freiheit und Frieden werden durch das Verhalten strengstens verletzt. Zudem werden durch islamfeindliches Verhalten und Rechtsradikalität wiederum die Menschenwürde, Gleichheit, Solidarität und Gerechtigkeit verletzt.

Die genannten Beispiele entsprechen in keinster Weise dem Grundsatz der inneren Führung, dem Amtseid, oder der Verfassung, welchem die Bundeswehr verpflichtet ist.

5.4 Konsequenzen

Der Wertebruch hat sowohl für die Bundeswehr und deren Angehörige, als auch für Außenstehende Stakeholder Konsequenzen.

Interne Strukturelle Maßnahmen für Soldaten

Nach der Untersuchung der Arbeitsgruppe über das Fortbestehen des KSK wird die 2. Kompanie der Kommandokräfte aufgrund ihres Fehlverhaltens aufgelöst (BMVg, 2020, S. 19). Zudem wird eine Strukturstudie der Spezialkräfte durch den Befehlshaber des Einsatzführungskommando in Verbindung mit weiteren Maßnahmen zur Überprüfung der strukturellen Aufstellung des Verbandes empfohlen (BMVg, 2020, S. 53).

Interne Prävention und Resilienz für Vorgesetzte

Aufgrund des Fehlverhaltens von Vorgesetzten wird zukünftig auf eine intensivere Ausbildung und Schulung von Führungspersonal beim KSK geachtet. Dazu zählen beispielsweise Individual- und Teamcoachings, sowie ausgiebige Weiterbildungen im Bereich der Inneren Führung (Wertekonzept) und der seelsorgerischen Betreuung. Zudem wird eine Studie zum Thema der internen Prävention und Resilienz durch das Zentrum für Militärgeschichte und Sozialwissenschaften durchgeführt (BMVg, 2020, S. 55).

Externer Vertrauensverlust der Bevölkerung

Im Jahr 2019 hat eine Mehrheit der Bevölkerung gegenüber der Bundeswehr eine positive Haltung (ZMSBw, 2020, S. 110–125). Durch die geschilderten Ereignisse im Jahr 2020 ist es möglich, dass das Gesamtbild der Bundeswehr in der Bevölkerung an Ansehen verloren hat. Besonders bei Bürgern mit Migrationshintergrund besteht die Gefahr, dass die Bundeswehr als potentieller Arbeitgeber, aufgrund der rechtsradikalen Vorfälle, aus Angst vor Übergriffen, ausscheidet.

Externer Vertrauensverlust von Bündnispartnern der NATO

Das KSK arbeitet durch seine besondere Stellung mit den militärischen Spezialeinheiten anderer Nationen der NATO regelmäßig zusammen. Da die Vorfälle sehr medienwirksam in Deutschland waren wurde ebenfalls in anderen Nationen von den rechtsradikalen Vorwürfen berichtet. Es besteht die Gefahr, dass bei zukünftigen gemeinsame Operationen mit einem anderen Vertrauen gegenüber der Bundeswehr zu rechnen ist. Es ist denkbar, dass die Weitergabe von geheimen Informationen durch NATO Partner nun anders geprüft oder bestimmte Informationen gar nicht mehr an das KSK übermittelt werden.

6 Literaturverzeichnis

Alter, R. (2011). *Strategisches Controlling*. München: Oldenburg, R.

Bamberger, I. & Wrona, T. (2012a). *Strategische Unternehmensführung. Strategien, Systeme, Prozesse* (2. Aufl.). München: Vahlen.

Bamberger, I. & Wrona, T. (2012b). *Strategische Unternehmensführung. Strategien, Systeme, Methoden, Prozesse* (Vahlens Handbücher der Wirtschafts- und Sozialwissenschaften, 2. Aufl.). München: Vahlen.

Bea, F. X. & Haas, J. (2013). *Strategisches Management* (Bd. 8498 Betrieswirtschaftslehre, 6., vollst. Überarb. Aufl.). Konstanz: UVK; Lucius.

BMVg. (2019). *Das Konzept der Inneren Führung*. Zugriff am 03.01.2021. Verfügbar unter https://www.bmvg.de/de/themen/verteidigung/innere-fuehrung/das-konzept

BMVg. (2020). Bericht der Arbeitsgruppe Kommando Spezialkräfte. Zugriff am 03.01.2020. Verfügbar unter https://www.bmvg.de/resource/blob/273864/6ce-b69f8b4b33c2c1393e21c61395dea/20200702-bericht-ag-ksk-data.pdf

Bundesministerium der Justiz und für Verbraucherschutz. (o.J.). *Gesetz über die Rechtsstellung der Soldaten (Soldatengesetz – SG) § 9 Eid und feierliches Gelöbnis*. Zugriff am 03.01.2021. Verfügbar unter https://www.gesetze-im-internet.de/sg/__9.html

Corsten, H. & Corsten, M. (2012). *Einführung in das strategische Management* (Bd. 8487). Konstanz: UVK Universitätsverlag.

Deutsche Welle. (2020). *KSK: Eliteeinheit arbeitet Rechtsextremismus auf*. Zugriff am 03.01.2020. Verfügbar unter https://www.dw.com/de/ksk-eliteeinheit-arbeitet-rechts-extremismus-auf/a-55472531

Doppler, K. & Lauterburg, C. (2014). *Change Management. Den Unternehmenswandel gestalten* (13., aktualisierte und erweiterte Auflage, erw. Ausg.). Frankfurt am Main: Campus.

Haake, K. & Seiler, W. (2012). *Strategie-Workshop. In fünf Schritten zur erfolgreichen Unternehmensstrategie* (2., überarb. und aktual. Aufl.). Stuttgart: Schäffer-Poeschel.

Kaplan, R. S., & Norton, D. P. (2015). Management mit System. *Harvard Business Manager Edition* (1), 58–75.

Kaplan, R. S., Norton, D. P. & Horváth, P. (2001). *Die strategiefokussierte Organisation. Führen mit der balanced scorecard.* Stuttgart: Schäffer-Poeschel.

Kotter, J. P. (2015). Die Kraft der zwei Systeme. *Harvard Business Manager* (Spezial), 80–93.

Kreikebaum, H., Gilbert, D.U. & Behnam, M. (2018). *Strategisches Management* (8., überarb. Aufl.). Stuttgart: Kohlhammer.

Müller, H.-E. (2010). *Unternehmensführung. Strategien – Konzepte – Praxisbeispiele.* München: Oldenbourg.

Raps, A. (2004). *Erfolgsfaktoren der Strategieimplementierung. Konzeption und Instrumente* (2., aktualisierte Aufl.). Wiesbaden: Dt. Univ.-Verl.

Reisinger, S., Gattringer, R. & Strehl, F. (2013). *Strategisches Management. Grundlagen für Studium und Praxis.* München: Pearson.

Schulte-Zurhausen, M. (2010). *Organisation* (5., überarb. Und aktualisierte Aufl.). München: Vahlen.

Vahs, D. & Weiand, A. (2010). *Workbook Change-Mangement. Methoden und Techniken* (1. Aufl.). Stuttgart: Schäffer-Poeschel.

Welge, M. K. & Al-Laham, A. (2012). *Strategisches Management. Grundlagen – Prozess – Implementierung.* [S.I.]: Gabler.

Welt. (2020). *Eine Chronik vieler Unrühmlichkeiten.* Zugriff am 03.01.2021. Verfügbar unter https://www.welt.de/politik/deutschland/article210837391/Rechtsextremismus-beim-KSK-Eine-Chronik-vieler-Unruehmlichkeiten.html

Zeit. (2020). *Soldaten, die den Umsturz planen.* Zugriff am 03.01.2021. Verfügbar unter https://www.zeit.de/gesellschaft/zeitgeschehen/2020-07/bundeswehr-rechtsextremismus-chat-hetze-soldaten/komplettansicht

ZMSBw. (2020). *Sicherheits- und verteidigungspolitisches Meinungsbild in der Bundesrepublik Deutschland. Ergebnisse und Analysen der Bevölkerungsbefragung 2019.* Zugriff am 03.01.2021. Verfügbar unter https://www.bundeswehr.de/resource/blob/3814808/a0538b9f7077953c51e708278c5c9777/download-fober-122-data.pdf

7   Abbildungsverzeichnis

BEI GRIN MACHT SICH IHR WISSEN BEZAHLT

- Wir veröffentlichen Ihre Hausarbeit, Bachelor- und Masterarbeit

- Ihr eigenes eBook und Buch - weltweit in allen wichtigen Shops

- Verdienen Sie an jedem Verkauf

Jetzt bei www.GRIN.com hochladen und kostenlos publizieren